安田 正
Tadashi Yasuda

デキる人はこっそり使ってる!

人を動かす20の質問術

ポプラ新書
201

デキる人はこっそり使ってる！
人を動かす20の質問術
［もくじ］

はじめに……6

お悩み01 相手が黙りこくって下を向いてしまう……12
「ごちゃ混ぜ型」の質問にご用心!!
相手の答えを引き出すのは「スッキリ分割型」の質問

お悩み02 相手が急に無愛想になった……22
「相手の地位（立場）」をリスペクトする！

column 1 「呼び方」にはＴＰＯがある！……29

お悩み03 相手がタジタジと後退してしまう……30
「なぜなぜさん」は相手のストレスになる！
「懐中電灯型」のなぜを「レーザーポインター型」に変換！

お悩み04 相手がアタフタとあせり出した……38
声が低いと「パワハラトーン」になってしまう！
地声の「１トーンアップ作戦」でフレンドリーに！

お悩み05 言い訳ばかり返ってくる……46
質問は、相手が受け入れやすい順番で！
お悩み06 質問がブーメランで返ってくる……54
「北風と太陽作戦」で、じんわり相手を動かそう
お悩み07 相手が適当に聞き流している……62
目線はあなたが思うより10倍大事！
5分に一度「視線休め」を！
お悩み08 真意を聞いただけなのにムッとされた……70
「マスゴミ型」の聞き方はNG！
「敬語マスター」が質問を制す！
お悩み09 相手があからさまに呆れている……80
的外れな質問をすると「あなたの価値」が下がる！
「キーワード活用」で相手にアピールせよ！
column 2 キーワードの「言い換え」はNG！……91

お悩み10 雑談が盛り上がらず、シラけムードに……92
「ノープラン質問」はムダ話で終わる！
「相手フォーカス型」の質問で、相手のストーリーを引き出す

お悩み11 あなたと話すのがめんどくさそう……100
安易な気遣いや共感は「余計なお世話」！
「リアクションセンサー」を研ぎ澄ませ！

お悩み12 相手が「えー……」と即答を避けている……110
「答えにくい質問だから察してくれ」のサインに気づけ
「後付け理由」で質問を「無害化」せよ

お悩み13 相手の言葉数がどんどん減っていく……120
「上から目線型」の質問は「断定」になってしまう

お悩み14 相手が「そうかなあ……」という顔をしている……128
「主観ウイルス」の感染にご用心!!
「共感モード」でお互いの理解が深まる！

お悩み15 相手が「この人何言ってんの？」という顔をしている……138

「ですよね探知機」をインストールせよ！
お悩み16 質問への食いつきが悪い……146
相手が「リカちゃんモード」に入ればOK！
お悩み17 以前ノッてきた質問に食いつかなくなった……152
「レコード型」の質問から「ラジオ型」の質問にチェンジ！
お悩み18 答えになっていない答えが返ってくる……160
「スッポン方式」で詳しく聞き出す！
お悩み19 質問を門前払いされる……168
相手が話を聞いてくれる「うかつな時間帯」を狙う
お悩み20 相手が浅い答えしかくれない……176
「受け身モード」は、相手にバカにされる！
「確認モード」の質問で、相手の信用をゲット！
おわりに……186

はじめに

みなさんは「質問」というものに対して、どのようなイメージをお持ちでしょうか？

「何かの答えを聞き出すだけのもの」だと思っていませんか？

でも、冷静に考えてみると私たちの会話は、実は「質問」であふれています。

「来週、有休とってていいですか？」と、上司にお伺いを立てる。
「この商品を買ってくれませんか？」と、顧客に営業する。
「もっと安くしてくれませんか？」と、お店の人に交渉する。
「結婚してくれませんか？」と、恋人の気持ちを確かめる。

これらはすべて質問です。「聞き方」が上手ならば、いい返答をもらえる可能性が格段に高まることは、想像に難くないと思います。

つまり、ビジネスでの成功も、プライベートでの幸福も、ほとんど「質問の仕方」ひとつにかかっていると言っても過言ではないわけです。

「雑談力」を取り上げた著作はおかげさまでベストセラーになりましたが、私が今回、「質問術」の本を書こうと思ったのは、まさに「質問」こそが私たちの人生を左右するからです。

それではなぜ「質問」にはそれほどの影響力があるのでしょうか。

理由のひとつは、「聞く側」こそが会話の流れを作るからです。

質問をされて、いやな気分になる人はあまりいません。人間は話していると きのほうが楽しいからです。質問は、円滑なコミュニケーションの要とも言えます。

相手に大いに話してもらい、相手から情報を引き出すことで、質問している側のほうが会話のイニシアチブを取れるのです。

もうひとつの理由は、いい質問をいいタイミングで投げかけることのできる人は、相手から高い評価を受けることができるからです。

あなたの会社にも、「あの人はデキる」と周囲から目される人がいませんか。そんな人はきっと会話の中で「質問」をうまく使っています。

ただ質問がうまいだけで、「この人は頭がいい」「話をするのに値する人だ」と相手に思ってもらえるのです。

しかしながら、こうした「質問」の威力を正しく理解している人は多くありません。

日本人の質問は、概して何を聞きたいのかよくわからなかったり、的外れだったりします。それによって、人生を損している人のなんと多いことでしょう。

一方で、「質問がうまい」というのは、選ばれた人々だけが持ち合わせている才能などでは決してありません。誰もが、ちょっとした訓練で「質問の達人」になれるのです。

本書では、ビジネスシーンで起こりがちな「質問に関するお悩み」を20ほど厳選しました。ケーススタディ方式で問題点を探って、解決策をズバリ提示していきます。

例えば、こちらが質問しても相手が黙りこくってしまう、即答を避けられてしまう、浅い答えしか返ってこない……、こんなよくある状況の改善法がわかります。

今日からすぐに取り入れて実践できる、具体的なテクニックにまとめてあるので、最初から順に読まずとも、気になる項目から読んでいただいて構いません。

あなたが現在直面している「お悩み」の項目を拾い読みするだけで、あなたの「質問の仕方」には確実に磨きがかかることでしょう。

そして、おのずとコミュニケーション力もアップするはずです。

質問を制する者は、人生を制す。

ぜひ本書を通して「質問術」を身につけ、すばらしい人生を手に入れてください。

安田　正

デキる人はこっそり使ってる！

人を動かす20の質問術

お悩み
01

相手が黙りこくって下を向いてしまう

あなたがいつも気にかけている後輩が、出先からトボトボと帰ってきました。

やる気はあるのになかなか結果が出せなくて、「今日も契約がゼロでした」とションボリしています。

こんなときは、ひと声はげましまして、頼れる先輩ぶりをアピールしたいですよね。

そんなわけで、あなたはこう声をかけてみました。

「なあ。お前、どうして契約が取れないんだと思う?」

「何がダメなのか考えてみよう」と解決策を探らせる、一見「いい質問」に思えますよね。

ところが後輩のショボリくんは、なぜか黙って下を向いてしまいました。

まるで、あなたに叱られてショックを受けたとでもいうように……。

一体、この質問の何がいけなかったのでしょうか?

ひとつの質問の中に複数の質問を混ぜていませんか？

結果が出せない後輩くんに対して「どうして契約が取れないんだと思う？」と質問することが、なぜダメなのか？

それは、**「ひとつの質問の中に複数の質問を混ぜてしまっている」**からです。

それは、こんなシーンを想像してみるとわかるのではないでしょうか。

あなたはテニスの初心者で、テニススクールに通い始めたばかり。しかし、なかなか上手にボールを打ち返すことができません。

すると、先生が「横を向いてボールを打ちましょう」とアドバイスをくれました。

アドバイスを聞いたスクールメイトは、スコーン、スコーンとテンポよくボールを打ち返しています。

ところが、あなたがラケットを振ってもボールはちっとも飛んでいきません。先生に言われたとおり「横を向いてボールを打って」いるはずなのに……。

そんなとき、あなたの前にやってきた先生が、こう言ったとしたらどうでしょう。

✕

「どうして打てないんだと思います？」


「それがわからないから困ってるんだよ！」と、イラッとしませんか？

あなたに「どうして契約が取れないんだと思う？」と聞かれた部下の反応も、それとまったく同じなんです。

「ごちゃ混ぜ型」の質問にご用心!!

これらの質問をよく見ると、**ひとつの質問の中に、たくさんの細かい質問が混じっている**ことがわかります。

テニスの例で言えば、「横を向いてボールを打つ」という、一見シンプルなテクニックには、さまざまな「コツ」が含まれています。

ボールが飛んでくるコースを早めに予測したり、腰をひねったり、軸足を前に出したり……。

スクールの生徒さんが、「横を向いてボールを打つ」ことがうまくできないのなら、これらの「コツ」についてひとつひとつ確認していくのが、生徒さんにとっての「いい質問」です。

ところがこの先生は、全部の質問を「ごちゃ混ぜ」にしてどうして打てないんだと思います?」と聞いてしまっていました。

ひとつひとつの質問には答えることができても、複数の質問が混ざった「ごちゃ混ぜ型」の質問になると、一気に答えるのが難しくなりますよね。

「ごちゃ混ぜ型」の質問が、相手を混乱させる

さらにマズいのは、答えることのできない質問をされると、相手は「自分を否定された」ように感じてしまうこと。

「質問に答えられない自分はバカなんじゃないだろうか？」と、自己嫌悪におちいってしまいます。

だからこそ、後輩くんはあなたの「質問」を聞いたとき、黙って下を向いてしまったんですね。

質問によって、相手のやる気を引き出すどころか、これではまったくの逆効果になってしまいます。

相手の答えを引き出すのは「スッキリ分割型」の質問

私たちは、ついラクをして「ごちゃ混ぜ型」の質問ですまそうとしてしまいますが、**質問のうまい人は、質問を細かく分割します。**

ひとつの「ごちゃ混ぜ型」の質問を、少なくとも3つに小分けするイメージです。

「どうして打てないんだと思います?」

↓

質問を分割する

【質問1】「軸足は前に出していましたか?」

【質問2】「打つときに腰をひねりましたか?」

【質問3】「ボールが飛んでくるコースを予測していましたか?」

いかがですか? こう聞かれると、とても答えやすいですよね。

それではもうひとつの例のほうは、どう質問すればよかったのでしょうか。

これも3分割してみましょう。

「どうして契約が取れないんだと思う？」

↓

質問を分割する

【質問1】「まず、訪問件数はちゃんと足りている？」

【質問2】「自分が思っていたとおりのプレゼンテーションはできた？」

【質問3】「先方からはどんな質問があった？」

こんなふうに、質問を小分けにしてスッキリとわかりやすくすることで、相手も具体的な答えが言えるようになります。

さらに、問題点もぐっと見えやすくなってくるんです。

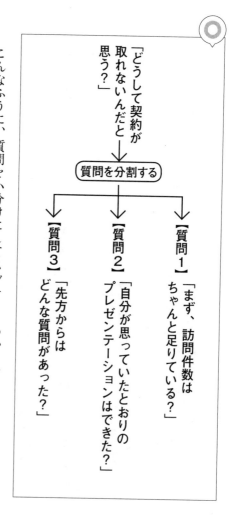

超一流の質問術

質問をスッキリ分ける!

分割の目安は3つ

ひとつの質問の中に複数の質問が混ざっていると、相手はどう答えればいいのかとまどってしまうばかりです。

お悩み
02

相手が急に無愛想になった

今日は、初めての営業先を訪れたあなた。

先方の担当者である山田専務と、まずは雑談から親交をあたためることにします。

年齢からすると「アラカン（60歳前後）」なのに、スラリとしてお腹も出ていない山田専務を見て感心したあなたは、こんなふうに尋ねてみました。

「山田さんは本当にスタイルがいいですね！　何か特別なトレーニングでもされているんですか？」

質問そのものは、「話したい欲求」を刺激する「いい質問」だと言えます。相手のことを素直な気持ちで褒めてもいます。

にもかかわらず、なぜか相手は少しばかりムッとした様子になってしまいました……。

こんなふうに、とくに「いやな質問」をしているわけでもないのに、相手が不愉快そうな様子を見せたときは、どのような原因が考えられるでしょうか？

相手の呼び方を間違っていませんか？

質問に限った話ではありませんが、**人は普段と違ったふうに扱われたとき、相手に対して反感を覚えるという傾向**が見られます。

その最たる例が「名前を間違える」ことでしょう。漢字を一文字間違えられただけで激怒する人も珍しくありません。

そんなことは、当然みなさんもご承知でしょうが、名前以外にも注意すべきポイントはたくさんあります。

冒頭の例では、「山田さん」という呼び方に問題がありました。
より具体的に言えば、**「さん」という敬称がマズかった**ようです。

役職付きの人は、「青木専務」「伊藤常務」など、役職で呼ばれることが一般的です。

私の周りの例を見ても、**退職されてからも、現役時代の役職名で呼ばれることを喜ぶ方は多いもの**です。

そんな相手に対して、「～さん」と呼びかけることが必ずしも失礼に当たるわけではありません。

企業によっては「名字＋さん」で呼ぶカルチャーもあるでしょう。
けれども、**外部の人間なら、やはり「名字＋役職」で呼ぶべき**です。

その理由は、お医者さんとの会話を考えてみればわかるでしょう。

相手がどんなに若くても、お医者さんに「先生」という敬称を使わない人はいません。

年齢に関係なく、相手の立場が自分より上である場合は、敬称や役職で呼ぶのがルールです。

このルールを無視して「～さん」と呼びかけてしまったとき、相手がちょっとした違和感を覚えて「ムッ」としてしまうことも珍しくはありません。

したがって、冒頭の例では、あなたはこう聞くべきだったのです。

「山田専務は本当にスタイルがいいですね！何か特別なトレーニングでもされているんですか？」

こう聞いていれば、山田専務は喜んで雑談に応じてくれたでしょう。

「相手の地位（立場）」をリスペクトする！

相手の呼び方に、とくに気をつけたいのが「メール」です。

話し言葉であれば、うっかり「〜さん」と呼んでしまっても、その場のノリで許される場合もあるでしょう。

一方、メールの文面には相手もじっくり目を通しますから、うかつな呼び方は命取りになりかねません。

呼び方に気を遣うということは、相手の地位や立場をリスペクトするということ。逆もまたしかりです。

リスペクトを肌で感じた相手は、あなたに心を開いて質問にも積極的に答えてくれることでしょう。

呼び方ひとつで、その後の相手の反応がまったく変わってくることだってあるんです。

相手の名前を呼ぶときは、そのことを心に留めておきましょう。

超一流の質問術

相手が喜ぶ呼び方を見つける

「さん」は要注意

呼び方ひとつで相手の反応は変わります。その人の専門性や願望に見合った呼び方を工夫してみましょう。

column 1

「呼び方」にはTPOがある！

相手の適切な呼び方は、シチュエーションに応じて変わることがあります。

ある社長さんにこんな話を聞きました。その人はプライベートでスポーツのサークルに所属しているのですが、サークルの中ではいつも「盛田さん」と呼ばれています。

このサークルに、会社員のAさんと自営業のBさんがいるのですが、あるとき盛田さんは、自分が主催するビジネスセミナーの合宿にふたりを誘ったそうです。

ビジネスの場なので、そこでは盛田さんは「社長」と呼ばれています。

すると、周りの雰囲気を察知したAさんは、自然と「盛田社長」という呼び方を使うようになりました。

一方のBさんは、普段どおり「盛田さん」と呼びかけてきます。このとき、盛田さんはやはり、かすかな違和感を覚えてしまったそうです。

Aさんのように、状況に応じて適切な呼び方を見つけることも、重要なコミュニケーションスキルなのです。

お悩み

03

相手がタジタジと後退してしまう

「お悩み01」ではなかなか契約を取ることができなかった後輩くんですが、その後、ひとりでいくつかの新規契約を取ってくるまでになり、あなたもホッとひと安心。

……しかし、喜んだのもつかの間。

ある日、またしてもションボリとした後輩くんが「A社の件、契約をキャンセルされちゃいました……」と報告してきました。

驚いたあなたは、思わずこう尋ねます。

「え？　契約落としちゃったの？　なぜ？」

あなたとしては、どんなトラブルがあったのか、素朴に事情を聞きたいと思っただけ。きちんと事情がわかれば、先輩として対処することもできます。

ところが、後輩のションボリくんは「ぼくにもよくわからないんです。なんか先方からクレームがあったみたいで……」と今にも泣き出しそうです。

どうすれば、状況を聞き出すことができるのでしょう？

ひたすら「なぜ」でたたみかけていませんか？

ションボリくんがなぜ契約を落とすことになってしまったか、なんとか状況をさぐろうとするあなた。

しかし、ションボリくんはアタフタするばかりで、まともな答えが返ってきません。

「せっかく助けてやろうとしているのに……」と、ついイラッとしてしまったあなたは、さらにこうたたみかけます。

✕

「なぜそんなことになったかって、聞いてるんだよ！」

するとショボンリくんは、タジタジと後ずさって、ついに何も答えられなくなってしまいました。

「なぜなぜさん」は相手のストレスになる！

ここでもう一度、あなたの質問を見直してみましょう。

「なぜ契約を落としたのか？」「なぜそんなことになったのか？」

……いかがでしょう？　どちらも「なぜ」で始まっていますね。

実はこの「なぜ」こそがトラブルのもと。

「なぜ」を安易に繰り返す「なぜなぜさん」は、相手にとんでもないストレスをかけてしまうことがあるんです。

「なぜ」で始まる質問は、単純に見えて、実は「どんな答えが求められているのかわかりづらい」場合があります。
例えば、誰かからこんな世間話をふられたとしましょう。

✕

相手　「藤井聡太二冠は次々と最年少記録を打ち立てますね」
あなた「すごいですよね」
相手　「なぜそんなに強いんですかね？」
あなた「さぁ……天才なんじゃないですかね」
相手　「ふーむ。天才ってなぜ生まれてくるんでしょうね？」

……「そんなこと知るか～!!」と叫びたくなりませんか？（笑）
そもそも、相手が何を聞きたがっているのかがよくわかりません。
藤井二冠の戦術について知りたいのか、あるいはどんな勉強をしてきたかを知りたいのか、はたまた「天才の定義」を知りたいのか……。

このように**「答えるべきポイントがわからない」質問は、相手に大きな負担をかけてしまいます。**

「懐中電灯型」のなぜを「レーザーポインター型」に変換！

ションボリくんがあなたの「なぜ」に答えられなかったのは、「質問から、答えるべきポイントが見つけられなかった」から。

このようなときは、**「質問のポイント」をしぼる必要があります。**つまり、懐中電灯のように広がった光を、レーザーポインターのようにしぼりこむんです。

ここで「なぜ」という言葉を使うのは構いません。ただし、より答えやすい質問にしぼりこんでいきましょう。

ションボリくんの契約がキャンセルされた背景に、先方からのクレームがあったのなら、次のような「なぜ」に変えてみるといいかもしれません。

「なぜクレームがあったんだろう？」
「なぜクレームがあったときに、すぐに謝りに行かなかったんだろう？」
「なぜ謝りに行ったのに、相手はますますヘソを曲げてしまったんだろう？」

藤井二冠について雑談をする場合も、例えば次のように「なぜ」を具体的にしぼりこめば、相手も答えやすく、話もはずむのではないでしょうか。

なぜ、ここまで話題になっているんでしょうね？
なぜ、高校生なのにあんなに難しい言葉を知っているんですかね？
なぜ、対局中の食事やおやつが注目されるんでしょう？

「なぜ」という質問は、聞き方によって「いい質問」にも「よくない質問」に

もなります。

相手が答えられるまで「なぜ」のポイントをしぼっていけば、きっと有効な答えを引き出すことができるでしょう。

超一流の質問術

「なぜ?」の範囲をしぼりこむ

まるでレーザーポインターのように

「なぜ」は、相手に負担をかけやすい聞き方。拡散した光を一点にしぼりこむようなイメージで、ポイントを明確にすればうまくいきますよ!

お悩み
04

相手がアタフタとあせり出した

毎度おなじみ〝後輩くん〟に、今度は資料の作成を頼んだあなた。伝えていた締め切りまでには、あと数日ほど余裕がありますが、締め切り直前までほったらかしにするのも、なんだか不安です。

もし、進めるにあたり悩んでいることがあれば、アドバイスできることもあるかもしれません。

ちゃんと作業が進んでいるのか確認したくなったあなたは、後輩くんにこう聞いてみました。

「そういえば、資料作成はどんな感じで進んでる？」

すると後輩くんは、なぜかあせり出しました。

「……!!　いま、まさにリサーチしているところです……！」と、なんだかアタフタしています。

あなたとしては気軽に声をかけたつもりだったのに、相手は「仕事が遅いのを責められている」と感じてしまったようです。

後輩くんはなぜ、ごく普通の質問に対してあせり出したのでしょうか？

声が低く、威圧的になっていませんか？

ごく普通の質問をしているだけなのに、相手が怯えたりあせったりするという場合、**相手はあなたの質問に「怒り」や「圧迫」を感じている**のかもしれません。

その**原因は、あなたの「言葉」ではなく「声」にあるんです。**

会話の中で、声の出し方にまで気を遣っている人はあまりいませんが、実は声の高さによって、相手に与える印象は大きく変わってきます。

例えば、**高い声の場合は、話す人のキャラクターを社交的に感じさせる効果があります。**

テレビ通販の「ジャパネットたかた」があれほど売れたのも、創業者である高田明さんの〝声の高さ〟に秘密があると言われているほど。

奥さまがたが洗濯機を回している最中でも、「さあーみなさん！」という声だけは、耳に入ってくるというわけです。

一方、**低い声の場合、「シブい」「カッコいい」というイメージがあります。**

それに加えて、**相手に信用されやすいというメリットもあるのですが、その半面「威圧的」「とっつきにくい」という印象を相手に与えてしまう**というデメリットがあります。

相手にとっては、話の内容以上に、声のトーンによって会話の印象が決定されてしまうと言っても過言ではありません。

声が低いと「パワハラトーン」になってしまう！

「資料作成はどんな感じで進んでる？」（声低め）

後輩くんにこう聞いたとき、あなたの声は「ズーンと低く」なっていたのではないでしょうか？

声に威圧的な響きがあると、質問者の意図とは関係なしに、相手を怖がらせ、萎縮させてしまうことがあります。

どれだけ言葉で親切なことを言っていても、なんとなく責めたり、叱っているような響きが加わってしまうんです。

せっかく後輩くんのためを思って質問したのに、声が低かったばかりに、相手は「パワハラだ！」なんて思っているかもしれません。

本気で仕事の遅い後輩くんのお尻を叩きたいのならともかく、ムダに相手を怖がらせてモチベーションを下げるのは、先輩としてかしこいやり方とは言えませんよね。

地声の「1トーンアップ作戦」でフレンドリーに！

では、声から「威圧感」を取り去るには、どうすればいいのでしょうか？

おすすめは、地声の「1トーンアップ作戦」です。

試しに「ドレミファソラシド」と口ずさんでみましょう。たいていの人は「ド」〜「ミ」あたりが地声になっているのではないでしょうか。

ちなみに、ジャパネットたかたの創業者の髙田明さんは日本で唯一「シ」で話せる人です。

髙田社長までとは言わずとも、あなたも地声を、1トーン（場合によっては2トーン）上げてみましょう。

つまり、**地声が「ドレミファソラシド」の音階の「ファ」と「ソ」あたりのトーンになるように意識**してみます。

それだけで、ぐっと声の威圧感は軽減し、フレンドリーな話し方になるはずです。

普段、声が低くなりがちな人は、話すスピードを上げてみるのもいいでしょう。

テンポよく、リズミカルに話すようにすれば、自然と声も高くなって、パワハラトーンも消えていきます。

超一流の質問術

地声を「1トーンアップ」する！

「ファ」か「ソ」の音程が目安

声に威圧的な響きがあると、相手が怖がってしまいます。声が低めの人は、普段より1〜2トーン高めを意識して。

お悩み 05

言い訳ばかり返ってくる

後輩くんに5日前から資料の作成を頼んでいたあなたですが、今日提出された資料を見ると、あちこちにミスが。

本人の成長のためにも、ここは先輩としてちゃんと指摘しておきたいところですよね。

あなた　「さっき提出してもらった資料だけど、ちょっとまとめ方が雑じゃない？」

後輩くん「すみません。期日が短かったもので……」
あなた「いや、5日もあれば十分だろ」
後輩くん「他にもいろいろ立て込んでいたもので……」

あなたとしては、後輩くんを責め立てたいわけではなく、今後のために反省を促したいだけ。
それなのに後輩くんは言い訳ばかりです。
これには、さすがにあなたも声を荒らげそうに……。でも、ここは職場とグッと感情をこらえました。

どうして後輩くんは言い訳を繰り返すのでしょう?

むやみに「相手のミス」を攻撃していませんか？

雑な資料を提出した後輩くんに対して、「ちょっとまとめ方が雑じゃない？」とストレートに尋ねたあなた。

これに対して後輩くんが**言い訳ばかりするのは、あなたに「叱られた」と思ったからでしょう**。

このように、**「質問」は時として相手に「叱責」だと受け取られてしまうこ**とがあります。

その理由は、質問の内容が「相手のミス」を攻撃するようなものだったから。

ミスを攻撃された時点で、相手は「防御モード」に入ってしまい、こちらの言い分を素直に聞く姿勢ではなくなってしまうんです。

似たようなシチュエーションを、家庭で経験したことのある人も多いのではないでしょうか？

一日中一生懸命働いて、クタクタになって家に帰ってきたところ、なぜか夕飯のしたくができていないことに気づいたあなた。

思わずカチンときて、奥さんにこう言ってしまいます。

✕
あなた「おい、なんでメシができてないんだよ!?」
奥さん「お隣の奥さんにちょっと相談されてたのよ。
そのうちにスーパーが閉まっちゃったの！」

やはり、言い訳しか返ってきませんよね。
しかも、かなり語気強めの言い訳です。
あなたがいきなり奥さんのミスを指摘したせいで、奥さんは完全に「素直に反省する気」をなくしてしまっています。

言い訳というものは、するほうも聞かされるほうもイヤな気持ちにしかなりません。

この手詰まりの展開に対して、打つ手はあるのでしょうか？

質問は、相手が受け入れやすい順番で！

例えば冒頭のシーンで、あなたが後輩くんに次のように声をかけていたとすれば、どうでしょうか。

「この資料、いつから準備してた？」（←ニュートラルな質問）
「少しミスが目立つけど、もっと早く手をつけてもよかったんじゃない？」（←本当にしたい質問）

いかがでしょうか？
冒頭の例のような険悪な雰囲気はまったくなくなっていますよね。これなら後輩くんも、素直にミスを認めて反省してくれそうです。

ポイントは、**いきなりミスを指摘せずに「ニュートラルな質問」から入ること。**

そして、そのあとに「本当にしたい質問」をしていることです。
このような**「2段ロケット方式」の質問にすれば、相手もあなたの言葉を受け入れやすくなります。**

さらに、ふたつめの質問に「相手への期待」を伝えるような言葉を盛り込めば、より前向きにあなたの言葉を聞いてもらうことができるでしょう。

今度、家に帰って夕飯の準備ができていなかったら、こんなふうに言ってみましょう。

「あれ、メシはどうした？」（↑ニュートラルな質問）
「普段から作り置きしておくといいんじゃないか？　おれだってお前が作るメシが食いたいし」（↑期待を伝える質問）

和やかなムードの中で、奥さんにリクエストを伝えることができましたね。
今度は「２段ロケット方式」の質問を活用して、家庭円満で行きましょう！

超一流の質問術

まずは相手の心を開かせる

相手が気分よくなるように

相手のミスをいきなり指摘してはいけません。期待を込めた質問をプラスして、相手に状況の改善を促しましょう。

お悩み06

質問がブーメランで返ってくる

「お悩み04」でお話しした、相手が「叱られた」と感じるような質問は、ともすれば「ブーメラン」になって質問した側に返ってくることがあります。

例えば、こんなシチュエーションを想像してみてください。

あなた　「お前さ、最近ちょっとたるんでるんじゃないか？皆そう言ってるぜ」

後輩くん「そうですか。ちなみに皆って誰ですか?」
あなた「ええとまぁ、少なくともおれはそう思ってるってこと」
後輩くん「つまり、先輩だけってことですね?」
あなた「……」

後輩くんを叱るつもりだったのに、逆に相手から質問返しのブーメランを食らって、すっかりやり込められてしまったあなた。
年功序列が当たり前だった時代には、こんな口答えをされる心配もなかったかもしれませんが、現代ではそうもいきません。

どうすれば相手に素直に聞いてもらえるのでしょうか?

自分の質問をむりやり正当化していませんか？

冒頭の例のように、相手から質問返しのブーメランを食らってしまう質問には、ある共通点があります。

それは**「自分の質問を正当化しようとしている」**ところ。

冒頭の例で言えば、「皆そう言ってるぜ」と、わざわざ付け加えているところです。この部分は、本当に必要なのでしょうか？

「皆そう言ってるぜ」と付け加えることで、「最近ちょっとたるんでるんじゃないか？」という質問は、一見、説得力を増すように思えます。

しかし実際には、この**相手を非難するような余計な部分が加わったことで、相手に「論破」されるリスクも高まっています。**

例えばこんな感じです。

あなた　「お前さ、最近ちょっとたるんでるんじゃないか？どうして田中みたいにちゃんとやれないんだ？」
後輩くん「だって、田中さんとぼくじゃキャリアが違いますよね？（はい論破）」

「どうして田中みたいにちゃんとやれないんだ？」という部分は、明らかに質問を正当化するために挿入されたものです。

このように自分の質問を正当化するために、「身近な例」を比較対象として持ち出す人は非常に多いのですが、これはとても危険なことなんです。

自分の質問を正当化しようとすると、「質問」が立ちどころに「主張」に変わってしまいます。

「北風と太陽作戦」で、じんわり相手を動かそう

私はつねづね、**「主張」と「質問」では、質問のほうが人を動かす強い力を持っている**と感じています。

環境保護を訴えるミュージシャンや宗教家たちも、声高に主張するのではなく、「このまま木を切り続けて大丈夫なのでしょうか？」といった「質問」を発信することで、世の中の人々に影響を与えていますよね。

問われることで、人々は動くものなのです。

「北風と太陽」の寓話でたとえて言うなら、むりやり人を動かそうとする北風が「主張」で、じんわり人を動かす太陽が「質問」。

このふたつを混同してはいけません。

前の項目でお話しした「2段ロケット方式」もそうですが、**質問によって人を動かしたいなら、「太陽」のように、相手にじんわりと寄り添うこと。**決して「北風」のように力で制圧しようとしてはいけません。

人を動かしたいなら「太陽」になること

最近、たるんでいる後輩くんをたしなめたいのであれば「皆そう言ってるぜ」とか「どうして田中みたいにちゃんとやれないんだ？」といった「正当化パーツ」はつけずに、こんなふうに言ってみましょう。

「このごろ本来の力が出ていないようだね。大丈夫？」

相手に寄り添うひとことをはさむだけで、相手の反応はまったく違ってくるはずです。

超一流の質問術

「北風と太陽」の「太陽」になりきる!

じんわりと相手を動かす

自分の言い分を正当化するような質問は、相手の態度を硬化させます。ブーメランによる反撃に遭うことも。

お悩み07

相手が適当に聞き流している

こちらが一生懸命質問しているのに、相手がどうも適当に話を聞き流しているな、と感じることはありませんか?
どこかソワソワしていたり、下手をすると手元のスマホをチラチラ見ていたり……。

人の話を聞く気があるのか! とカチンとくるのも当然ですが、ここはちょっとクールダウンして、原因が「自分」のほうにあるのではないかと考えてみましょう。

相手がこちらの話を聞き流しているようなとき、まず疑ってみるべきは、あなたの「表情」です。

そう言われてもピンとこないかもしれません。

「表情」の大切さを、私はセミナーでもよくお話しするのですが、その言葉を真剣に受け止めてくれる人は、正直なところ0％です。

発言の内容には気を配っていても、どんな表情で発言するかというところまでは気が回らないのです。

でも実際には、表情はみなさんが考えているより10倍も20倍も大切なんです。

あなたの目線、相手にちゃんと届いていますか？

相手から会話に対する集中力を奪ってしまう表情とは、一体どのようなものなのでしょうか。

それはずばり「**あなた自身の、集中力がないように見える表情**」です。

具体的には、「視線がキョロキョロとあちこちを泳いでいる」ような表情です。

コミュニケーションにおいて「相手の目を見て話す」のは基本中の基本。

目線がキョロキョロと動く人は、落ち着きがなく、会話に集中していないように見えます。

そんな人が相手だと、話を聞く側が「この話、早く終わらないかなあ」という気持ちになってくるのも当然ですよね。

日本人は、もともとアイコンタクトが苦手な人種なので、相手の目を見ずに話す人が少なくありません。

せっかくいい質問をしていても、これでは相手からいい答えを引き出すどころか、話を聞いてもらうというスタート地点にさえ立てないんです。

目線はあなたが思うより10倍大事！

「話の内容がきちんとしているなら、アイコンタクトがちょっとくらい下手でも構わないいじゃないないか」と思う人もいるかもしれません。

しかし、**コミュニケーションにおいては「表情」は「言葉」以上に重みを持**

ちます。

そのことを説明した、有名な心理学の法則が**「メラビアンの法則」**です。

この法則によると、聞き手に影響を与える情報の順位は次のとおりです。

1位　**視覚情報**（見た目・表情・しぐさ・視線）

2位　**聴覚情報**（声の質・速さ・大きさ・口調）

3位　**言語情報**（言葉そのもの）

会話に与える影響は、アイコンタクトを含む「見た目の情報」が55％と最も高く、「話の内容そのもの」が与える影響はというと、わずか7％にすぎないのです。

これはアメリカのデータですが、私自身の実感で言えば、**日本人が「見た目**

の情報」に受ける影響はさらに高く、70%くらいになるでしょう。

「アイコンタクトがちょっとくらい下手でも構わない」どころか、アイコンタクトこそが重要なのだということがおわかりですよね。

5分に一度「視線休め」を！

とはいえ、目に力を入れすぎると、もともとアイコンタクトが得意ではない日本人にとっては「ガン見」になってしまい、これではかえって相手を落ち着かなくさせてしまいます。

そこで、意図的にピントを外すようにして相手を見るのです。

ふわーっとピントをぼかした、ソフトな視線を心がけてみてください。

また、いくらソフトな視線とはいえ、片時も目をはなさないのは相手にとって気づまりなもの。

そこで「箸休め」ならぬ「視線休め」を設けましょう。

お互いが目をそらすことのできる先として、資料やファイルなどを持参し、定期的に前に出すのです。


一度目をそらすと、視線がまた新鮮になりますから、常に会話に集中した状態でいられます。

初対面の相手の場合は、5分に一度くらい「視線休め」の機会を設けるのがおすすめ。

これが「1分に一度」だと、またしても「キョロキョロ」になってしまうのでご注意を。

超一流の質問術

視線をソフトに当て続ける

ピントをぼかすイメージで

質問の内容以上に、相手と目線を合わせることが重要です。目がキョロキョロ泳ぐと話に集中していない印象に。

お悩み 08

真意を聞いただけなのにムッとされた

あなたの職場では、「飲みニケーション」ということで、毎月のように飲み会が開催されています。
社員は全員出席するのが暗黙のルール。

とはいえ、内容のある会話が交わされることなどほとんどなく、「家を買うとローンが大変。賃貸は気楽でいいよね」といった遠回しなマイホーム自慢や、「営業の佐々木と総務の桑田さんが付き合っているらしい」といった、どうでもいい社内ゴシップが飛び交うばかり……。
毎回、飲み会に参加するたび、あなたはウンザリしていました。
そしてある日、あなたは覚悟を決めて上司に尋ねます。

「会社の飲み会に参加するのは義務なんですか？」

あなたの質問に、上司はムッとした表情。
社員として、当然聞く権利のある質問をしただけなのに、なぜムッとされなくてはならないのでしょうか？

言葉を選ばず
失礼な聞き方をしていませんか？

聞いて当然のことを質問しただけなのに、ムッとされるのはおかしい！

冒頭の例を読んでそんなふうに感じた人は、次のようなシーンを想像してみてください。

先日、テレビの報道番組を見ていると、画面の中である政治家が報道陣からもみくちゃにされていました。

政府で重要な役職についている人物が、まさかの不倫スキャンダル。しかも、不倫相手のごきげんを取るためにハワイで「新婚旅行ごっこ」をしていたというのですから、マスコミが大騒ぎするのも仕方ありません。

当然のように、記者たちからは次のような厳しい質問が飛びます。

「いつから不倫していたんですか？」
「国会議員なのに、不適切な行為だとは思わなかったんですか？」

ですが、このシーンをテレビで見ていた人は、なんとなく違和感を持ったのではないでしょうか。

「マスゴミ型」の聞き方はNG！

「いつから不倫していたんですか？」という質問は、記者たちにとっては「聞いて当然」の質問です。

それなのに、なぜか**「いじわるな質問」で議員を責め立てているような印象**を受けませんか？

「不倫はよくないけれど、マスゴミの聞き方もひどいよな」

そんな視聴者の声が聞こえてきそうです。

一般的には、聞きたいことが相手にストレートに伝わる、簡潔な質問ほど「いい質問」と言えます。

その意味では、「いつから不倫していたんですか？」という質問も、決して悪い質問ではありません。

しかし、このような**直球すぎる聞き方は、状況によっては「失礼な聞き方」とも言えます。**

「税金を使って不倫している不届き者に質問するのに、どうして失礼かどうかなんて気にしなくちゃならないんだ？」と思う人もいるでしょう。

しかし、質問の目的は、相手を「問い詰める」ことではありません。「相手から答えを引き出す」ことだったはずです。

答えを引き出したいのなら、相手を「答えよう」という気にさせなくてはなりません。相手にとって「いやなこと」を質問するときは、なおさらです。

こんなときに「マスゴミ型」の失礼な聞き方は相手の態度をかたくなにさせるだけなんです。

「敬語マスター」が質問を制す！

それでは、不倫政治家に対する記者の質問が、次のようなものだったとしたらどうでしょうか？

「相手の方とお知り合いになったのはいつ頃からでしょうか？」

きちんとした敬語を使うことで、質問に対する相手の不愉快さが消えます。聞かれた政治家にとっては、ストレスであることに変わりはないでしょう。しかし、丁重な問いかけを無視すれば、自分のイメージをますます悪くすることにもなりかねません。

この質問ひとつで相手の舌がペラペラと軽くなることはないかもしれませんが、「いつから不倫していたんですか？」といったぶしつけな質問を投げるよりは、真面目な反応を引き出せるはずです。

会社の飲み会に参加したくないときも、上司にこう聞いてみたとすればどうでしょうか？

「今、こういう資格を取りたくて勉強しているんですが、授業を一回休むだけでついていけなくなってしまいます。ですから授業と飲み会がバッティングしているときだけ、飲み会をお休みさせていただくことは可能でしょうか？」

こういう〝愛《う》い聞き方〟をする部下をじゃけんにする上司はいないでしょう。「もちろんいいよ。無事に資格を取れるまでは、参加しなくて大丈夫だよ」ぐらい言ってくれるかもしれません。

ここでもまた「北風と太陽」の法則があてはまります。
「飲み会に参加するのは義務なんですか？」は北風の聞き方。
「資格の勉強をしたいので欠席させていただくことは可能でしょうか？」は太陽の聞き方。

相手を怒らせかねない質問をする時は、太陽の聞き方で、相手が寛大な態度をとれるようなアプローチをするのがうまいやり方です。


そのためには、やはり「正しい敬語」と「正しい言葉選び」が必須。

相手は質問の内容以前に「聞いて当然」と思っているかのような聞き手の態度を不愉快に感じるのです。

正しい敬語を使うのは「あなたの真意を聞かせてください」と相手にお願いするときの最低限のマナー。

ぜひ「敬語マスター」になって、聞きにくい質問を制してください。

超一流の質問術

敬語表現は抜かりなく！

ゴーマンな態度はNG

聞きにくい質問をするときほど、相手への敬意と「敬語」が大事。無礼な聞き方は相手の心を閉ざします。

お悩み
09

相手があからさまに呆れている

今日は、毎月恒例の新商品開発会議の日。社長をはじめ、上役たち一同が会議室に集っています。

本日議題に上っているのは、ひとり暮らしを始めたばかりの大学生や新社会人をターゲットにした、リーズナブルな家電シリーズです。

ひとしきりプレゼンがすんだあたりで、司会が「何か質問はありますか？」と出席者に尋ねました。

お悩み 09

毎回、会議ではほとんど発言をしないあなたは、今日くらいは存在感を見せておこうかな……と、手を挙げます。

「ひとついいでしょうか？　どうも見た目が安っぽいんですけど、もうちょっと高級感を出したほうがいいんじゃないでしょうか？」

あなたが発言したとたん、会議室にシラーッとしたムードが漂います。司会者に至っては、あからさまに呆れ顔。

……あなたの発言には、一体どんな失言があったのでしょうか？

リサーチ不足のまま質問していませんか？

質問を受けた相手があからさまに呆れた顔を見せるのは「**的外れな質問をされたとき**」です。言い換えると「**頭の悪い質問をされたとき**」です。

以前、テレビで次のようなシーンを見たことがあります。

このところ、ガンの新しい治療法として「中性子捕捉療法」が注目されていますよね。

これは「ピンポイントでガン細胞だけを破壊する」という中性子の性質を利用した新しい放射線治療で、これまでの放射線治療の「ガン細胞以外の細胞まで破壊してしまう」というデメリットを解消したものです。

つまり、より患者さんへの負担が軽くなるようにと研究開発された治療法なのです。

この「中性子捕捉療法」の学会発表にやってきた記者の中に、こんな質問をした人がいました。

「それは、安全な治療法なんですか？」

……テレビには映っていませんでしたが、冷たい軽蔑のまなざしを向けてくる学者先生の姿が目に浮かぶようですね。

そもそもが、患者への安全性を高めるために誕生した新療法なのですから、「安全なんですか？」という質問は的外れもいいところでしょう。

冒頭のエピソードでの、あなたの質問も同じこと。

会議で話題になっているのは、新入生や新社会人、つまりあまりお金を持っていない若い人をターゲットにした「リーズナブルな家電」です。

「高級感を出したほうがいいんじゃないですか？」というあなたの質問は、そもそもの商品コンセプトとズレている可能性があるわけです。

的外れな質問をすると「あなたの価値」が下がる！

このように、的外れな質問をしてしまうのは、ずばり「**勉強不足**」が原因。

例えば、きちんと「中性子捕捉療法」について下調べをしていれば、次のような質問がいくらでも出てくるでしょう。


「放射線の被曝量は今以上に少なくできるのでしょうか？」

予習で得た知識がベースになった質問は「あなたの専門分野に対して私は深い関心を持っています」という相手へのアピールにもなります。

勉強熱心な相手に対しては、答えるほうも熱が入ること間違いなしです。

新商品開発会議にしても、思いつきではなく、リサーチに根ざしたこんな聞き方だったら、周りの反応も違ったことでしょう。

「価格を抑えながらも、ちょっとエッジが効いたような、もっと若い人の感性に訴えたデザインにすることはできないんでしょうか？」

リサーチ不足な質問をされると、聞かれた人は質問の内容にイラッとする以上に、質問者に対する信頼を失います。

要は**「答える価値のない相手だ」と思われてしまう**わけです。

答える価値のない相手の質問に答えたりすれば、自分の価値まで下がってしまうことになりかねないというわけで、こうなると次に何を聞いても答えてもらえなくなるかもしれません。

リサーチ不足な質問は、相手にとって失礼なだけでなく、本当に大切なことが聞けなくなるという危険をはらんでいます。

ネットで調べれば簡単にわかるようなことを聞くのも、リサーチ不足の証拠ですから、十分に注意してくださいね。

「キーワード活用」で相手にアピールせよ！

「質問をする前に十分にリサーチする」ことは大前提ですが、そのうえで、あなたが「答える価値のある人間である」ことを相手にアピールするための、ちょっとしたテクニックを伝授しましょう。

いちばん簡単なテクニックは「キーワード活用」。

相手の話の中に出てきた「キーワード」を、質問の中に自然に取り込むことで「自分なりに、あなたの話をかみ砕いて理解していますよ」とアピールすることができます。

「キーワード」で相手の心のカギを開けよう

例えば、小池百合子東京都知事はカタカナ英語好きとして知られていて、「ワイズスペンディング」なんていう言葉をよく使っていますね。

それに対して「ワイズスペンディングとは、具体的にはどんな工夫のことを言うのでしょうか？」などと質問するイメージです。

「ちゃんと自分の話を理解しているな」と相手に思わせる効果大です。

また、最も大切なのは**「これぞ！」という質問を「一回」、ズバンと相手にぶつけること。**

首相会見などでの記者の質問を見ていると、「一社につき一問」と前もって言われているのにもかかわらず、平気で二問くらい続けて質問する記者たちが多くてびっくりします。

そんな中、国会中継で久しぶりに「いい質問」を見ました。

加計学園問題に揺れる国会で、問題となった「文書」の出どころが問われる中、ある自民党議員が、参考人である文部科学省元事務次官に次のような質問をしたのです。

「この文書は、参考人が流出元なのではないかと報道されているのですが、まさかそんなことはないですよね。イエスかノーでお答えください」

ずばり「これはあなたのマッチポンプなのか？」と正面切って聞いているわけです。しかも「イエスかノー」なので、相手には逃げ場がありません。ところが参考人は「私はお答えを差し控えさせていただきます」と逃げました。

これは「イエス」と答えているのも同然ではないでしょうか？

相手を的確に追い込む、見事な質問でした。

つくづく、いい質問をする人は頭が良く見えるものだなと思います。

質問に答えるより、いい質問をするほうが周りに強く自分の存在をアピールできるのです。

超一流の質問術

質問の意図を明らかに

勉強ぶりをアピールできる問いかけを

ドンピシャの質問をぶつけられると、相手もあなたに一目置くはず。予習はどんなときも必須です。

column 2

キーワードの「言い換え」はNG！

本文では、相手の話に出てきた「キーワード」を質問の中に取り込むというテクニックを紹介しました。

このとき注意したいのが「相手の言葉を言い換えない」ということです。

例えば、「ワイズスペンディング」という言葉を使った小池都知事に対して「先ほどのお話に出てきた、税金の有効活用の件ですが……」などと言い換えるのはNGです。

あなただって、カフェで「カフェオレのLをください」と注文したとき、店員さんに「カフェラテのトールですね」と言い換えられたらムッとしますよね。

相手が使ったキーワードは、なるべくそのまま反復すること。

そのうえで、その言葉の意味を理解していることを相手にアピールできるような質問を心がけたいものです。

お悩み 10

雑談が盛り上がらず、シラけムードに

商談や打ち合わせの合間に、ちょっとした雑談をはさむことがありますね。

そんなときは、「相手を知るための質問」をするというのが、鉄板の会話テクとされていますが、これが簡単なようでいて難しいもの。

あなたもきっと、次のような「盛り上がらない会話」を経験したことがあるのではないでしょうか？

あなた「○○さんは、どちらのご出身なんでしたっけ？」
相手「京都ですけど」
あなた「京都ですか！　私も修学旅行で行きましたよ」
相手「そうですか。どちらを回られました？」
あなた「んー、えー、金閣寺に……行きましたね」
相手「ああ、みなさん行かれますよね……」

なんとなく「会話のラリー」は続いています。でも、相手が「どうでもいい会話だなあ」と思っている、ダルそうな雰囲気はビンビンと伝わってきますよね。

原因は、一体どこにあるのでしょうか？

「間を埋める」だけの質問をしていませんか？

冒頭の「雑談」で、あなたは「どちらのご出身なんでしたっけ？」と、わざわざ相手が話しやすそうな質問を振っています。

ですが、その努力にもかかわらず、この会話は遠からず「手詰まり」で終わってしまうでしょう。

そもそもの間違いは、「どちらのご出身なんでしたっけ？」という、**あなたの最初の質問に「意図がない」**ことです。

要するに、会話の**「間を埋める」ために、行き当たりばったりの質問をして**

しまっているわけです。

行き当たりばったりのノープランで質問をしてしまうと、その後の会話の展開を読むことができません。

「ノープラン質問」はムダ話で終わる！

もしあなたの出身地が、相手と同じ京都なら、話はいくらでも盛り上がったでしょう。

しかし、残念ながらあなたは大して京都に詳しくありません。

そのため「修学旅行で行ったことがある」などという、京都出身の人なら百回以上は聞かされているにちがいない、ありきたりな打ち返ししかすることができませんでした。

しかも、相手が気を利かせて「（修学旅行では）どちらを回られました？」

と聞いてくれているのに、「金閣寺」などという、面白みも何もないベタな答えしか返せないありさまです。

これでは相手も大して話を広げようがありませんね。

こんなふうに、ノープランで会話を進めてしまうと、会話は「意味のないムダ話」で終わってしまいがちなんです。

「相手フォーカス型」の質問で、相手のストーリーを引き出す

では、相手が「京都出身です」と答えたあと、もしあなたが次のように質問を続けていればどうだったでしょうか？

> ○
> **「では東京へは大学から？」**
> **「慣れるのが大変だったでしょう？」**

いかがでしょうか？　同じ「ご出身はどちらですか？」という質問からスタートしているのに、今回はもっと話が広がっていきそうな雰囲気ですね。

常に「相手」に焦点を当てることを意識して

前回の会話は、「私も修学旅行で行きました」という〝自分（あなた）発信〟の流れになっていました。

それに対して今回は「では東京へは大学から？」と〝相手発信〟の情報を聞き出す流れになっています。

こう尋ねれば、相手はおのずから自分のストーリーを語り出しますよね。

雑談を心地よくはこぶには、このように〝相手に話してもらう〟のがベストなのです。

自分自身に対して関心を向けられれば誰だってうれしいもの。答えるのを面倒くさがる相手はいないんです。

「出身地」「趣味」「持ち物」「好きな食べ物」といった「モノ」は、あくまで質問の糸口にすぎません。

こうした「モノ」の背景にあるストーリーを引き出そうとする「相手フォー

カス型」の質問を心がけてください。
そうすることで、より相手への理解を深め、お互いの距離を縮めることができるでしょう。

超一流の質問術

「話すこと」から「聞くこと」へモードを変換しよう

ムダな雑談に終わらないように

出身地や趣味などについて表面的な質問しかできない人は、相手から億劫がられてしまいます。

お悩み 11

あなたと話すのがめんどくさそう

オフィスの休憩所で、たまたま上司と一緒になったあなた。ここは気の利いた雑談で関係性をさらに良好にしたいところです。

この上司、年齢を重ねるごとに健康志向になっていて、糖質オフダイエットに挑戦したり、ランニングを始めたりしているのですが、タバコだけはやめられないのが弱点です。

そんな上司に、あなたはこう話しかけました。

あなた「喫煙スペースがあった頃がなつかしいですねぇ。
どんどん値上げされて、今やひと箱で５００円近くするし、
そろそろ潮時なんですかね。
部長はタバコをおやめになる気はないんですか？」

上司「あ、ああ……。やめたいんだけど、なかなかね」

あなたとしては、愛煙家同士の絆を深める質問のつもりだったのですが、答える上司は、かなり「めんどくさそう」な顔をしています。

一体、なぜなのでしょうか？

相手にとってイヤなことを何度も聞いていませんか？

「部長はタバコをおやめになる気はないんですか？」というあなたの質問に、部長が「めんどくさそう」な反応を見せたのはなぜか？

それは、**あなたの質問が相手に「気にしていたことを思い出させた」**からでしょう。

気にしていたことを思い出させられるストレスは、あなたが質問される側に立ってみれば、すぐにわかるはずです。

こんなシチュエーションを想像してみてください。

前の晩、あなたは家にまで仕事を持ち帰り、徹夜でプレゼン資料を作成していました。

「あんまり根を詰めないでね」と奥さんは心配そうですが、徹夜の甲斐あって、詳細なデータ入りのカンペキな資料が完成！

ところが、なんということでしょう。

どうやら昨晩、最終バージョンのファイルを保存するのに失敗したらしく、会社で出力した資料は未完成の状態……。

悲しいかな、プレゼンはさんざんな結果に終わりました。

たまらず奥さんに愚痴のメールを入れたところ、「ドンマイ！」とはげましのメールが届きました。

気を取り直したあなたが、奥さんへのお土産のケーキを手に帰宅すると、奥さんは心配そうに声をかけてきました。

✕

「今日は大変だったね。あのあとどうなった？」

その瞬間、プレゼン終了直後の参加者の冷たい視線や、後で部長から食らった嫌味の数々が、走馬灯のようにあなたの脳内を駆け抜けていったに違いありません。

安易な気遣いや共感は「余計なお世話」！

イヤなことや、気にしていたことを質問されるのは、聞くほうが思っている以上に、相手にとって「精神的な負担」になります。

聞くほうに悪気がないほど、相手のストレスは溜まっていくものです。

「あのあとどうなった?」という奥さんの質問には、まったく悪気はありません。

とはいえ、傷口に塩を塗るような質問に、「わざわざ思い出させてくれるなよ……」と、あなたがイラッとするのも当然でしょう。

腹を立てるほどではないにせよ、自分にとって負担になる質問を繰り返されていると、そのうち、その相手と会話すること自体がめんどうに感じられてきます。

案外、こうした積み重ねが、家庭内不和の原因になったりするのかもしれませんね。

「リアクションセンサー」を研ぎ澄ませ！

欧米人と比べて、日本人はコミュニケーションにかけるエネルギーが低く、会話の訓練が全体的に足りていません。

そのため、質問の「リスク」を知らないまま、考えなしに質問をする人が多く見られます。

あなたは気遣いや共感のつもりだったとしても、相手に「余計なお世話」と思われてしまったのでは逆効果。

質問は、相手との距離を縮めてくれる強力なコミュニケーションツールですが、「諸刃の剣」であるということも忘れてはいけません。

だからこそ、**質問をしたあとは、「リアクションセンサー」を最高感度にして、相手の反応を見る**ようにしましょう。

普段は自分の質問にちゃんと答えてくれる相手が、**明らかに「めんどくささそ**

う」な場合、それ以上突っ込むのは厳禁。

あなたの質問が聞こえなかったように、相手がまったく別の話を始めたら、好きなようにしゃべらせてあげましょう。

そのうち「さっきの話だけどさ……」と、自分から語ってくれることもあるかもしれません。

リアクション次第では、質問をストップ

それまでは絶対に「あれ、さっきの質問は無視？」などと深追いしないようにしましょう。
一番いいのは、相手をさりげなく一人にしてあげることです。

「じゃあ部長、ぼくは仕事に戻りますんで、ごゆっくり」

「ねぇあなた、おつかれさまでした」

相手が話したくないときは、**話さなくてもいい環境を作ってあげることが、本当の気遣い**というものです。

超一流の質問術

相手の反応に10倍意識を集中する

傷口に塩を塗ってはダメ

よかれと思って相手のストレスになるような質問をしていないでしょうか。「めんどくさそう」な態度に注意して。

お悩み
12
相手が「えー……」と即答を避けている

今日は、営業担当のあなたのところへ、商品開発の担当者ができあがったばかりの新商品のパッケージ見本を持ってきました。

これからどうやって新商品のプロモーションを行っていくかの打ち合わせだったのですが、あなたはパッケージを見て絶句しました。

というのも、「売れる商品」のネーミングには、ある程度のセオリーがあります。もちろん「確実に売れる」なんてことは誰にも言えないわけですが、「読みにくい漢字や、よくわからないカタカナ語は使わない」のがお約束。

「缶入り煎茶」という商品名を「お〜いお茶」に、「フレッシュライフ」を「通勤快足」に変えたら大ヒットした……というのは有名な話ですよね。

ところが、その新商品のネーミングは、お約束を無視した意味不明なカタカナ語で「こりゃ売れんわ」というもの。

思わずあなたは、こう尋ねました。

「……この商品名、誰が決めたんです？」

すると、商品開発の担当者は答えに詰まってしまいました。

質問に「裏の意味」が混じっていませんか？

冒頭のシーンのように、それほど難しい質問をしたわけではないのに、なぜか相手が考え込んでしまうことがあります。

「えー……」と咳払いをしつつ「即答を避ける」のです。

こんなときは、**質問に「裏の意味」が混じっている**ことが多いです。

「誰が商品名を決めたのか？」という質問は、そのままの意味であると同時に、「こんなゴミみたいな商品名をつけたのは、どこのおバカさんですか？」という別の意味の質問にも聞こえます（実際、あなたはそちらの意味のほうで質問したわけですよね)。
だからこそ、開発担当者は即答を避けたんです。
この状況、プライベートの会話に起こりがちな「ある状況」と似ています。
そう、女性にうっかり次の質問をしてしまったときです。

「おいくつなんですか?」

年齢を聞かれた女性が即答を避けるのは、「けっこう、歳いって見えるけどいくつなんだろう?」とか「若く見えるけど、見た目にだまされてるかもしれないからな。本当のところはいくつなんだろう?」といった、あまり好意的でない「裏の意味」を感じ取っているからでしょう。

「答えにくい質問だから察してくれ」のサインに気づけ

ところで、問題の「ゴミみたいな商品名」は、相手の上司である開発担当部門の部長がつけたものでした。

そのこと自体は秘密でもなんでもないのですが、あなたの質問に「裏の意味」を感じ取った担当者は、上司に迷惑がかかることを恐れたのです。

自分のうかつな発言のせいで上司が無能呼ばわりされることになってしまったら、今後の人間関係にヒビが入りかねません。

このように、**相手が即答を避けた場合、その背景には何らかの因果関係があるはずなので、その質問はさっさと「引っ込める」べきでしょう。**

即答を避けるのは「答えにくい質問だから察してくれよ」というサイン。

そこをたたみかけるのは、マナー違反というものです。

「後付け理由」で質問を「無害化」せよ

ただし「一度発した質問を引っ込める」にはコツが必要です。

「あれ、聞いちゃダメな質問でした?」などと、なんのフォローもなしに引っ込めるのはNG。これでは、「相手が答えるのをためらった」という既成事実だけが残ってしまいます。

その時点で、開発担当者自身「この商品名はダメだな」と思っている本音を、あなたにバラしてしまったことになります。

相手にとっては「あなたに乗せられて、見せたくない本音を見せてしまった」というしこりが残るでしょう。

このようなときは、さっきの質問に**「裏の意味」なんてない、というちょっとしたフォローを入れて、相手を安心させてあげましょう。**

つまり、決して「こんなゴミみたいな商品名を考えたのは誰だ?」という意図で質問したわけではないことをアピールするのです。

もちろん、本音はその通りだったとしてもですよ。

例えば、こんな感じで「後付け理由」を足します。

> **「なかなかユニークな名前ですよね！　誰のアイデアなのかなと思って」**

その後で「せっかくこんないいアイデアが出たんですから、もうちょっと工夫すればさらに面白いものができそうですね！」と続ければ、角を立てずに先ほどの質問を引っ込めることができるでしょう。

この「後付け理由」は、先ほどの「うっかり女性に年齢を聞いてしまったとき」にも有効です。

年齢を聞いたとたん、相手の女性にムッとされて、そこで「あっ、すみません」と引っ込めたりするのは、かえって逆効果だということはおわかりですよね。

マイナスの質問はプラスの意味付けでカバー

では、代わりにこんな言葉を添えたとすればどうでしょうか。

「いやあ、一緒に仕事させていただいて、とても手際がいいので感心してしまって。どのくらいこの業界にいらっしゃるのかなと、ふと思ったものですから」

このひとことがあれば、質問の意図は「相手の年齢を聞く」ことではなく、「相手のキャリアについて聞く」ことにあったと、相手を納得させることができます。

そう言われてイヤな気持ちになる女性はいないでしょう。

物は言いよう。**しくじった質問は「後付け理由」でスマートに無害化して**しまいましょう。

超一流の質問術

質問にポジティブな響きをつける

説明は後付けでOK

質問の意図がネガティブに受け取られてしまったら、ウソでもいいのでポジティブな意図をアピールしましょう。

お悩み
13

相手の言葉数がどんどん減っていく

あなたが関わっている新製品の開発プロジェクトのメンバーに、優柔不断な上司のAさんがいます。

Aさんの二転三転する意見のせいで、プロジェクトはなかなか進まず、イライラしたあなたは、他のメンバーの率直な考えを聞いてみることにしました。

「なあ、まだAさんの意見を聞いたほうがいいのかな?」

すると、相手はなんだかソワソワして、

「まぁ、でもAさんの言うことにも一理あるし……」と言葉を濁します。

「でも、この間だってAさんのせいでリサーチのやり直しになったよね？」

「まぁ、そうだけど……」

「商品仕様の件だってAさんがひっくり返したんじゃなかったっけ？」

「……」

あなたは相手の本音を引き出したいだけなのに、相手は当たりさわりのないことしか言わないばかりか、どんどん言葉数が減っていくのです。

質問の語尾が「強下がり」になっていませんか？

あなたが質問を重ねるほどに、相手の言葉数がどんどん少なくなっていく……。

そんなときは、あなたの**質問の「語尾」に問題があるのかもしれません。**
あなたの聞き方は、次のどちらだったでしょうか？

「まだ、Aさんの意見を聞いたほうがいいか？↗」
「まだ、Aさんの意見を聞いたほうがいいか？↘」

おそらく、後者のほうだったのではないでしょうか。しかも、語気はかなり強めになっていたはずです。

このように「語尾が〝強下がり〟になった質問」は、日常シーンの中でもよく目にします。

例えば、旦那さんの浮気をかぎつけた奥さんのこんなセリフ。

「ねぇあなた、先週の日曜は鈴木さんと会うって言ってたわよね？↘
あれホント？」

明らかに語尾が強く、下がっています。

夫「もちろんだよ。なんでそんなこと聞くんだい？」

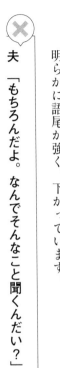

妻「へんねえ。さっき鈴木さんの奥さんと電話で話したのよ。

先週の日曜日はご主人とおふたりで出かけたって。

私の聞き間違いかしら？↘」

夫「……」


奥さんが、お腹にズーンと響くような冷たい声で淡々と質問を続けるにつれて、旦那さんがどんどん無口になっていくのが目に見えるようです。

「上から目線型」の質問は「断定」になってしまう

この奥さんの質問は、一見、質問のようで、実は質問ではありません。

奥さんの中では「夫が浮気をしている」という結論がすでに出ているわけで、これは**質問の形を取った「断定」になります。**

奥さんは絶対的に「自分が正しい」と信じているのです。

このような質問をするときに、**語尾は〝強下がり〟になる傾向があります。**

刑事ドラマで、取り調べ中の容疑者に対して刑事が、「お前がやったんだよな?↘」と語尾を下げて質問したりするのも同じです。

刑事の中では「この容疑者が犯人だ」という結論がすでに出ているわけですね。

では、次の「質問」を語気強めに、語尾を下げて読んでみてください。

×

「その案件、いつまで抱えているつもりだ?↘」

「Bさんが部長に昇進だなんて、早すぎると思わないか?↘」

このような聞き方をすると、圧倒的に「上から目線」の響きが加わるのがわかりますよね？

質問をしている人の中では「その案件はさっさと手放したほうがいい」「Bさんはまだ部長になる器ではない」という結論がすでに出ていて、それを相手に肯定してほしいだけ……というニュアンスが出てしまっています。

会話の「空気を読む」のがうまい日本人は、このようなニュアンスをとても敏感に感じ取ります。

そうなると、相手が「警戒モード」に入ってしまい、本音を引き出すのがぐっと難しくなってしまうんです。

ですから、相手から本音を引き出したいのであれば、質問からは極力「断定トーン」を消し去ることが大切です。

そのためには、**質問の語尾をしっかり上げましょう。**

超一流の質問術

断定的にならないよう、語尾は強めない

相手の警戒をとく聞き方を

語尾が「強下がり」になると、質問が断定になります。相手の意見を求めるように、語尾を軽く上げましょう。

お悩み 14

相手が「そうかなぁ……」という顔をしている

あるときあなたは、中国に10年間の駐在経験があるというSさんと知り合いました。

自分自身、学生時代から中国びいきで、何度も中国を旅しているあなたは、すっかり嬉しくなってこう尋ねます。

「中国って本当に面白いですよね。どの街がお好きですか？」

ところが、絶対に盛り上がると思ったこの質問に、Sさんはなぜか「そうかなぁ……」とでも言いたそうな、怪訝そうな表情。

「ずっと上海にいたので、あまりあちこちを回ったりはしなかったんですよね……」という気のない返事で、あっという間にこのやりとりは終わってしまいました。

あなたの渾身の質問が、残念ながら空振りに終わってしまったのは、なぜなのでしょうか？

「相手と自分は同じ考え」だと決めつけていませんか？

中国通のはずのSさんは、なぜあなたが振った中国トークに乗ってきてくれなかったのでしょうか？

察しのいい人なら想像がつくかもしれませんが、**Sさんの反応が悪かったのは、Sさんが「中国をとくに好きではなかった」**からです。

むしろ、「嫌いだ」「苦手だ」という感情のほうが強かったのかもしれません。

にもかかわらず、あなたは「中国って本当に面白いですよね」と、「Sさんも中国が好きに違いない」という（間違った）前提で質問をしました。

そのことにSさんは強い違和感を覚えたため、あなたに対して怪訝そうな顔をしたのです。

この例を読んで、「さすがに自分は、そんなに思い込みの強い質問はしないぞ」と思った人も多いでしょう。

ですが、**人とは往々にして「同じ経験をした」ことのある相手が「自分と同じ結論に至っている」**と思い込んでしまうものなんです。

「主観ウイルス」の感染にご用心!!

中国を旅して5000年の歴史に触れ、大感動したという「物語」が自分の中にあれば、中国に行ったことがある他の人々も、同じような物語を持っていると決めつけてしまうのも無理はないでしょう。

しかし実際には、「中国に行った」という経験から得ることのできる視点は、無数にあります。

相手がどんな視点を持っているかわからないのに、好きとか嫌いとか、特定の結論を前提に質問をするのは危険なことと言えます。

仮に、同じ「中国が好き」という結論に至ったとしても、相手と自分が同じ理由で好きになったとは限りませんよね。

お互いの共通点を見つけたとたん、その話題に飛びついてしまう人は多いのですが、**「特定の視点（＝主観）を前提とした質問」は避けたほうが無難**なのです。

そもそも**「主観」が入ると、質問は質問として成立しなくなる**ということをお忘れなく。

例えば、あなたが職場の女性について「彼女、美人だよね?」と同僚に同意を求めてみても、自分と相手の「美の基準」が違えば、相手としては「そうかなぁ……」という表情を無言で返すしかありませんよね。

これでは、意味のある会話にはなりません。

本人は「主観ウイルス」になかなか気づけない

相手の価値観と自分の価値観をすりあわせて、新たな価値観を得ることが質問の醍醐味だというのに、こうした「決めつけ」の質問からはなんの発見も生まれません。

これは非常にむなしいことではないでしょうか？

自分の質問が「主観ウイルス」にいつのまにか感染していないか、常にチェックを忘れないようにしたいものです。

「共感モード」でお互いの理解が深まる！

万一、**「主観ウイルス」に感染した質問をしてしまったときは、「すかさず路線変更」が鉄則**です。

そうは言っても、あなたが先に「中国大好き！」と言ってしまったので、Sさんからはなかなか「私は中国が嫌いだ！」とは言い出せない状況であることはわかりますよね。

「Sさんは、どうやら中国に対して自分とは違ったふうに考えているらしいぞ」と察したら、自分の最初の発言と真逆のことを、あえて言ってみましょう。

「ぼくみたいな旅行者は気楽ですけど、駐在の方はご苦労も多かったんじゃないですか?」

つまり「中国好き」と「中国嫌い」の、**ふたつの質問を用意して「どちらに答えてくれてもいいですよ」という状況を作ってあげる**のです。

そうすれば、相手もぐっとフィードバックしやすくなります。

ここで**重要なのは、相手の物語に「共感」すること。**

「それは一部の話だと思いますけどねえ」などと、上から目線で反論しては絶対にダメです。

するとあなたの共感へのお返しとして、相手もあなたの物語に耳を傾けようとしてくれます。

こちらから無理に押しつけなくても「きみはなんでそんなに中国が好きなの？」などと、向こうから質問してくれたりするのです。

お互いの物語を交換することによって、世界の見え方はぐっと深まっていきます。

それが、質問の持つ力なんです。

超一流の質問術

相手の答えしだいで話の展開を変える準備を

「主観ウイルス」に注意

あなたが相手に共感する姿勢を見せれば、相手もあなたの話を聞いてくれ、相互理解が深まります。

お悩み 15

相手が「この人何言ってんの？」という顔をしている

オフィスの休憩所での「雑談」は、職場の人たちとのコミュニケーションを深める貴重な機会。

雑談から日頃は見えない同僚の一面を知ることもできますし、フランクな会話を通じて「自由にモノが言える雰囲気」を作り上げることは、会社全体にとってメリットがあるでしょう。

そう考えたあなたは、今日もはりきって雑談にはげみます。

「タバコを悪く言う人たちって自分勝手ですよね？　自分たちだって、山ほど二酸化炭素を排出しているくせに（笑）」

こんなふうに、あなたがジョーク混じりで「あえて」きわどい会話を振って、ざっくばらんなムードを作ろうとしているのに、相手は「この人、何言ってるんだろう？」みたいな微妙な顔つきをしている……。

そんな経験はありませんか？

彼らはなぜ、あなたの「フランクな会話」に付き合ってくれないのでしょうか？

「あなたの価値観」を押しつけていませんか？

休憩所での、あなたのスピーチは続きます。

「誰だってタクシーくらい乗りますよね。タクシーに乗ったら二酸化炭素を出すじゃないですか。その二酸化炭素と、ぼくのタバコとどっちが有害なんですかって話ですよ。ねえ？」

なかなかもっともらしいロジックなのですが、実はこれこそが周りのノリが悪い原因。

というのも**「自分の主張を裏付けるために、都合のいいロジックや定義を持ち出してくる人間」に対して、日本人はなんとなく不安を感じ、本音を見せなくなる**という傾向があるからです。

そもそも日本人は定義（決めつけ）をすること自体が苦手です。

「定義をする人」が嫌われるのは、「定義」に巨大なパワーがあるから。

一度「定義」を作ってしまえば、ていねいな説明や説得の必要はもはやなく、「価値観」の流れができあがってしまいます。周りはそれに従うしかありません。

「定義」を含んだ質問というのは、形の上では質問でも、実際には「価値観の押しつけ」になってしまっているんです。

「ですよね探知機」をインストールせよ！

「価値観の押しつけ」に対して反対意見を言うのは、ものすごくエネルギーを使うことなので、相手は「何言ってんだこいつ」という顔をしながらも、口先では「ですよね」「はいはい」を繰り返します。

なかにはそれを、「相手が同意している」と思い込んでしまう人もいますが、実に不幸な勘違いです。

「ですよね」「はいはい」は、こちらの話を聞いていない相手の反応だと覚えておきましょう。

相手から「ですよね」が返ってきたら、すばやく「ヤバい！　うっかり自分の価値観を押しつけてしまっていた！」と気づける、「ですよね探知機」を自分のなかにインストールしておきたいもの。

相手に本当に聞く意志があったら、「ですよね」ではなく、次から次へと具体的な質問が返ってくるはずです。

「ですよね探知機」が作動したときは、あなたの価値観に相手が賛同していない可能性が大。そんなときは、真逆のスタンスに切り替えてみるといいでしょう。それをきっかけに、相手が本音を見せてくれるかもしれません。

「タバコを悪く言う人たちって自分勝手ですよね？自分たちだって、山ほど二酸化炭素を排出しているくせに（笑）」

↓

「……と言いつつ、ぼくもそろそろ控えるべきかなって最近では思ってるんですけどね」（↑真逆のスタンスに切り替え）

こうして真逆の話を振っているにもかかわらず、なおも相手が「ですよね！」と返してくるようなら、これはもうハナから話を聞く気ゼロ。さっさと退散しましょう。

質問とは、他人の知識や考えを取り入れて、自分自身の知識や思考をレベルアップさせるために行うもの。

相手から本音を引き出せない限り、いつまでたっても自分の考え方は向上しないし、情報量もアップしません。

「おれは正しい」と思い込んだまま年老いていき、「あの人は独りよがりだなあ」と思われたまま、悲しく一生を終えていく……。

そんなことにならないためにも、「価値観の押しつけ」にはくれぐれもご注意を！

超一流の質問術

「ですよね」をうのみにしない

独りよがりにならないで

「ですよね」「はいはい」は、こちらの話に賛同していない証拠。あなたの価値観を押しつけていませんか?

お悩み
16

質問への食いつきが悪い

質問をしたとき、相手の反応に「食いつきが悪いな」と感じることはありませんか？

もちろん返事はしてくれるのですが、身を乗り出して聞いてこない。

「聞き耳を立ててくれない」のです。

●毎月のスマホ料金がかさんで困るという上司に

あなた「部長、格安ＳＩＭにしたらどうです？　スマホ料金が

月3000円以下になりますよ。ぼくのおすすめはですね……」

部長　「ああ、格安SIMね。うーん……」

●音楽好きの友人に

あなた「NHK交響楽団の定期公演のS席のチケットが余ってるんだけど、1万5000円のところを5000円で買わないかい？」

友人　「ああ、クラシックね。うーん……」

いずれも相手にとっては「お得な情報」なのに、なぜ食いつきが悪いのでしょう？

「相手にとってのうまみ」を考えていますか？

結論から言うと、**相手が話に乗ってこないときは、「相手にとってメリットのない話」をしている可能性を疑うべきです。**

あなたが「相手のメリットになる」と思っている話が、必ずしもそうだとは限らないことに注意しましょう。

格安ＳＩＭに乗り換えれば確実にスマホ料金が安くなるのに、上司の食いつきが悪いのは、「格安ＳＩＭに乗り換えたくない事情」があると考えたほうがいいでしょう。

例えば、田舎にいる高齢の両親と「ドコモメール」でやりとりをしており、NTTドコモを利用せざるを得ないのかもしれません。

はたまた、あなたの音楽好きの友人が、破格のチケット代にもかかわらずあなたの提案に乗ってこようとしないのは、相手が「音楽好き」ではあっても「クラシック音楽好き」ではないのかもしれません。

あるいはクラシック好きでも、N響ではなく別のオーケストラのファンだったのかもしれません。

いずれにせよ、「メリット」の定義は人それぞれなので、**一方的な思い込みから相手にメリットのない話を押しつけるのは禁物**です。

相手が「リカちゃんモード」に入ればＯＫ！

人はうっかりすると、相手の反応をちゃんと見ないましゃべり続けてしまいがちです。

そんな「暴走」を食い止めるには、**相手の「表情」を読む習慣をつけましょう。とくに注目すべきは「目」**です。

あなただって、仕事の愚痴ばかりが飛び交うつまらない飲み会では死んだ魚のような目をしているでしょう。

しかし、ハマっているドラマのことがふと話題に上った瞬間、パッと目が開き、眉毛までクッと上がるはずです。

これは、**人が「話を聞きたいモード（しゃべりたいモード）」に入ったとき**のサインなんです。

相手の目がリカちゃん人形のようにパッと開いたら、話題にメリットを感じている証拠なので、そのまま質問を続けてOK。
そうでない場合は、サクッと質問を変えましょう。

超一流の質問術

「目」で相手の関心度をはかる

相手の表情を読む習慣を

話題にメリットを感じているとき、目は大きく開きます。相手が「興味津々モード」になっているかをよく観察して。

お悩み
17

以前ノッてきた質問に食いつかなくなった

相手が以前、ノリノリで食いついてきた質問に味をしめて、同じ質問をふたたびぶつけてみたら、今回は一転して食いつきが悪い……。

それで、あれっと肩すかしを食らうことがあります。


「林さん、15歳年下の女の子と付き合ってるんですって？　どんな感じなんス？」

「あいつ射手座なんだけどさー。射手座の女は自由奔放らしいんだよね。

ま、そこがいいんだけど」

「へえ、うらやましいですねえ！」

こんな具合で盛り上がっていた、ほんのひと月後のこと。

たまたま帰り道で一緒になったので、同じ話をふってみました。

「林さん、例の射手座のカノジョどうしてます？」

「え、射手座？　ああ、その話ね……」

と、打って変わってテンション低め。何がマズかったのでしょう？

「近況チェック」を怠っていませんか？

以前はノリノリで射手座のカノジョに関する質問に答えてくれていた林さんが、なぜ今回は反応が悪いのか。

そんなときは**「相手の状況が変わった」と考えるべき**です。

つまり、林さんと射手座のガールフレンドは別れてしまったわけです。

人間の状況は刻々と変わるもの。

さらには、日によって頭の働き具合も変わります。

目に入れても痛くないほどにお孫さんを可愛がっているおばあちゃんでも、リウマチと診断された日には上の空で、孫のことなんてどうでもよくなっているかもしれません。

そんな日に「おたくのタロウちゃん、お元気？」と脳天気に声をかけても、いつものようにごきげんな答えが返ってくるわけはありませんよね。

こうした**変化に無頓着であってはいけません。**

林さんは現在、あんなに仲の良かった射手座の彼女から訴訟を受けている可能性だってあるのです。

質問のうまい人というのは、頭の中に座標軸があり、相手が「乗っていて、頭も働いている」ゾーンにいるときを狙って質問をぶつけるもの。

その可能性を考えず、一度ウケた話をバカのひとつ覚えのように繰り返すのは三流もいいところ。

「毎回同じ話をすれば喜ぶと思われているなんて、自分も甘く見られたものだ」なんて、かえって相手を不快にさせてしまいかねません。

壊れたレコードのような質問者になってはダメなのです。

「レコード型」の質問から「ラジオ型」の質問にチェンジ！

相手の最新情報をさりげなくキャッチするアンテナをはっておけば、同じ質問をループのように繰り返す「レコード型」の質問から卒業して、アップトゥデートな「ラジオ型」の質問を繰り出すことができます。

キーワードは「マイブーム」です。

今はこのコンビニのスイーツにハマっているとか、この音楽バンドにハマっているとか、誰しも、そのときどきのマイブームを持っているもの。

マイブームこそは、その人にとっての「旬な話題」なので、質問のテーマにする価値は大いにあるでしょう。

THIS WEEK YOUR HOT CHART No.1は？
今週の1位は…釣りです!!

巧みな話術で「マイブーム」を聞き出そう

とくに、久しぶりに会う相手は、あなたの知らないマイブームの真っ最中にいる可能性が大。

あなた自身のマイブームの話をちょっとだけ話して「エサ」にしつつ、さりげなく相手のマイブームについて聞いてみましょう。

〇

「年明けからぼく、スイーツ作りにハマっちゃって。体重が5kg増えちゃったんですよ。〇〇さんは何かハマってることあります？」

そうすれば、「最近はNetflixで海外ドラマざんまいですよ」「DIYに凝ってまして」など何らかの反応があるはず。

これでひとつ、あなたは相手の最新情報をやすやすと手に入れたことになります。

繰り返しますが、人の状況は刻々と変わるもの。

その人に「響く」質問も、その日その日で変わるということは、常に頭のはしっこに置いておきましょう。

超一流の質問術

相手の「マイブーム」を探る

人とは変わる生き物

相手の状況は日によって変わります。「この質問は鉄板だ」という過去の経験からの思い込みは禁物。

お悩み 18

答えになっていない答えが返ってくる

質問をしたとき「答えになっていない答え」が返ってくることがありませんか？

先日の健康診断で、「高血圧」と「脂質代謝異常」の2項目でC判定を出してしまったあなた。

いよいよ本気でダイエットしようと決意して、スリムな同僚に尋ねてみました。

あなた「どうすれば痩せるんだろう？」
同僚「カロリー消費量より、カロリー摂取量を減らせば痩せるよ」
あなた「あー……なるほどねー……（がっかり）」

同僚の答えは、ある意味「真理」ですが、「痩せたいなら食べるな」と言っているのと同じで、ほとんど禅問答のレベルです。
あなたが知りたかったのは、ライザップやタニタの社員食堂で採用されているようなダイエット法。

それを聞き出すには、どうすればよかったのでしょうか？

質問が「舌っ足らず」になっていませんか？

あなたの質問に対して、答えになっていない答えしかくれなかった同僚ですが、ここで「話の噛み合わない人だ」と、質問をさっさと切り上げてしまうのは間違いです。

そもそも、求めていた答えとズレた答えが返ってきてしまうのは、**あなたの質問の中に、求めている答えにつながるような「前提条件」の説明がなかったから。**

つまり、**説明が舌っ足らず**なんです。

「どうすれば痩せるんですか?」という問いへの答えは、前提条件によっていくらでも変わってきます。

「毎日10km走っているのに全然痩せない」という前提条件を聞いていれば、聞かれた人も「この人に運動をすすめても意味はなさそうだな」と判断できるでしょう。

さらに「毎晩カツ丼を食べている」という前提条件が加われば、「だったらまず、食事を見直すべきだな。それなら……」などと、あなたが求めていた答えにより近づいていくはずです。

前提条件がきちんと説明されていないときの相手の理解度は、説明が十分になされたときの理解度を100%とすると、7%まで落ちてしまうというデータがあります。

わずか7%の理解度に対して7%の答えしか返ってこないのは当然で、これが「答えになっていない答え」の正体なんです。

「スッポン方式」で詳しく聞き出す!

前提条件を説明しても、まだ求めているような答えがもらえない場合は、自力で質問を掘り下げていきます。

もっとも使いやすいのは「具体的には……?」というフレーズでしょう。

ありふれたフレーズのように聞こえるかもしれませんが、効果は絶大。

というのも**「具体的には……?」という問いかけには、相手の話を受け止めて、さらにその先を聞きたいという「肯定感」がある**からです。

人はもともと「話したがり」な生き物ですから、相手に肯定されればますます話したくなります。

「どうしても食べ過ぎちゃうんだよね。具体的にどうすれば、食べる量を減らす習慣をつけることができるのか、いいアイデアはないかな？」

そう聞けば、相手もこんなふうに答えてくれるかもしれません。

「一番簡単なのは、塩分を減らすことだね。濃い味のものを食べると必ず食べ過ぎになるから。塩分を半分にするだけで、健康な人でも20％くらい食べる量が減るらしいよ」

そんな答えが返ってくればしめたもの。スッポンのように食いついて離さず、どんどん質問を掘り下げていきましょう。

「塩分を減らすと食事の満足度が減るんじゃない？」

「味が濃いものが恋しくなったらどうすればいいかな？」


自分も納得できて、相手も「自分の答えが役に立ったんだ」と思える瞬間。

それこそが質問の醍醐味。

そのためには、今の例のように**質問を徐々に掘り下げていくイメージ**で聞くといいでしょう。

多くの人はその手間を怠って、求めている答えが一発で返ってこないと、「はいはい、もういいや」と諦めてしまいがちです。

それは、とてももったいないことだと思いませんか？

超一流の質問術

「具体的には……？」と掘り下げていく

前提条件の説明も忘れないで

一発で、求めているドンピシャの答えが返ってくることはまれ。詳しく聞きたいポイントを掘り下げて。

お悩み
19 質問を門前払いされる

「部長、今お時間よろしいでしょうか？」

仕事を進めるために質問したいことがあり、気を遣ってこう話しかけたのに「あ〜ダメダメ！　あとあと！」と、取り付く島もなく「質問を持ちかけることすら拒否されてしまう」ことがあります。

営業マンの方だと、アポ入れの電話をするときに、このようなやりとりを毎日のように繰り返しているという方もいるでしょう。

お互いに顔が見えないのをいいことに、相手は遠慮なく「また今度にしてください！」と、電話をガチャ切りしてきます。

このように、質問の内容すら聞いてもらえない場合、その理由は何なのでしょうか？

また、どうすれば質問を聞いてもらえるのでしょうか？

相手がテンパっているときに質問していませんか？

相手に質問の内容すら聞いてもらえない場合、その理由はわかりきっています。シンプルに**「質問するタイミングが悪い」**のです。

要するに**「相手が忙しいときに質問してしまっている」**ということなんです。

「そんなことを言われても、今この話をしておかないと、後でお互い困るのに！」と、部下のほうは憤慨するかもしれません。

ですが、部下から上司に「今すぐこの話を聞いてほしい」と要求するのはNG。

なぜなら、上司のほうがはるかに優先度の高い仕事をこなしているからです。

察しがいい部下の場合、上司が電話で話している内容をそれとなく聞いたりして、上司の状況を瞬時に判断します。**今はダメだなと思ったらスッと去っていき、今なら行けるなと思えばヒュッと入っていって、すかさず質問する**のです。

忙しい上司に話を聞いてもらうには、こうした分刻みの状況判断が欠かせません。

相手が話を聞いてくれる「うかつな時間帯」を狙う

とはいえ、的確に状況を判断するのはなかなか難しいものです。

「自分にはムリ！」という人のために、ひとつアドバイスを。

上司に重要な質問をするなら「木曜日か金曜日の午後3時」がベストタイミング。

逆に、**一番ダメなタイミングは「月曜午前中」**です。

ダメな営業マンは、毎日一生懸命にアポ取りの電話をするのですが、月曜日の朝は100%断られます。

考えてもみてください。誰だって、週の始まりはカリカリしているに決まっています。月曜の午後も×。火曜日でも断られるでしょう。

水曜日はうまく行けばＯＫ。

そして**木曜、金曜の午後にな**

	月	火	水	木	金
出勤〜12:00	×	×	△	△	△
12:00〜13:00	×	×	×	×	×
13:00〜14:00	×	×	×	×	×
14:00〜15:00	×	×	△	○	○
15:00〜16:00	×	×	△	○	○
16:00〜17:00	×	×	△	△	△
17:00〜退勤	×	×	×	×	×

ランチ時の12：00〜13：00も避けるのが賢明

ると、アポ取りの成功率は飛躍的に上がります。

なぜなら、その頃になると、その週の仕事の大半は片付いていて、誰もがのんびりとした気分になっているからです。

とはいえ、午後一番は、ランチの後でお腹がいっぱいで、人の相手をするのが面倒になっている時間帯なのでNG。

デキる部下は上司の仕事を邪魔しない

午後5時以降も、早く会社を出ようと切羽詰まってくるタイミングです。

その点、**午後2時や3時は「うかつになる時間」**なので、いつもはカリカリしている人が、あっさり話を聞いてくれたりするんです。


上司に話しかけるタイミングについても、これとまったく同じ法則が当てはまります。


ちなみにもし、金曜の午後3時でもテンパって話を聞いてくれない上司がいたら、その上司は絶対に出世できない人です。

優秀な人は、週の仕事納めの前日木曜にはあらかた仕事は片付けてしまっているもの。金曜日は余白として残るようにスケジューリングして、次の週の準備などに充てています。

それが金曜の、しかも午後3時になっても目の前の仕事に追われているなんて、読みは甘いわ、綱渡りで危険だわで、とても一流のビジネスパーソンとは言えません。
そんな上司についていくのは危険です（笑）。

超一流の質問術

木・金の午後3時に質問する

月曜の午前中はNG

週末が近づいた昼下がりは、一週間で最も切羽詰まっていない時間帯。忙しい人でも相手をしてくれます。

お悩み
20

相手が浅い答えしかくれない

最近、成績が伸び悩んでいる営業マンのあなた。

どうすればスランプから抜け出せるのだろう……と考えあぐねていましたが、ある日、「伝説の営業マン」と呼ばれるTさんと話をするチャンスに恵まれました。

あなたはここぞとばかりに、大先輩にアドバイスを求めるべく質問をぶつけてみました。

あなた「そんなに契約を取ってこられるなんて、どんな秘訣があるんですか？」
Tさん「いや、運がよかったんだよ」
あなた「ふむふむ」
Tさん「あとはタイミングもあるかな」
あなた「なるほど」
Tさん「ほんと、運とタイミングとしか言いようがないんだよね」
あなた「そういうものですか……」

それ以上は深く突っ込むこともできず、実のあるアドバイスは得られないまま、せっかくの会話は終わってしまいました。

「なるほど君」になっていませんか？

あなたが一生懸命に質問をしているのに、早々に「（営業の秘訣は）運とタイミング」だと、あっさり答えをまとめてきたTさん。

このように、相手が「答えをはしょってきた」場合、どんな理由が考えられるでしょうか？

ミもフタもないようですが、**「答えをはしょられた」ときは、相手から「話を理解する能力がない」と判断されている**ふしがあります。

それは、次のようなシチュエーションを想像してみれば、理解できるのではないでしょうか。

人間ドックで「要精密検査」の判定を受けたあなた。不安を押し隠してレントゲンのフィルムを受け取り、大病院で精密検査を受けたところ、「影なんてないよ」とドクターのいぶかしげな顔……。あろうことか、人間ドックの担当者が、他人のレントゲン写真を間違って渡していたのです。

あなたとしては、「おたくの情報管理はどうなってるんですか！」「ムダになった時間をどうしてくれるんですか！」などなど、人間ドックを受けたクリニックに言ってやりたいことが山ほどあります。

ところが、クレームの電話を入れたところ、応対したのは右も左もわからなそうな受付のおばさん。かよわい声で「申し訳ありません……」と繰り返すばかりです。

さて、あなたはクレームを逐一、このおばさんにぶつけるでしょうか？

案外あっさりと、「写真が間違ってたんですけど、早く正しいのを送ってもらえますか？」ですませてしまうのではないでしょうか。

それは「このおばさんに細かいことを言ってもわからないだろう」とあなたが判断したからです。

冒頭のシーンに戻れば、あなたもまた、大先輩のTさんから「細かいことを言ってもわからない」と思われていた可能性があります。

平たく言えば、バカだと思われていたということです。

「受け身モード」は、相手にバカにされる！

とはいえ、なぜあなたは大して親しくもないTさんから、いきなり「バカ認定」されてしまったのでしょうか。

考えられるのは、あなたの聞き方が「受け身」だったということです。

質問をする態度にも「積極的な態度」と「受け身の態度」があります。

「積極的な聞き方」とは、「話を聞き、理解したいという思いがあふれ出ている聞き方」のことです。

「受け身の聞き方」とは、「ただ聞いているだけ」の聞き方です。

積極的な聞き方とは、相づちやうなずきといったリアクションはもちろん、「私はあなたの話を理解していますよ」というこまめなフィードバックをはさみ込んだ聞き方のこと。

具体的には、「それは、こういうことですか？」「こういう意味だと理解してよろしいですか？」といった「確認モード」の質問をはさみ込みながら聞くことです。

「確認モード」の質問をしてくる聞き手に対しては、答える側も「この人は自分の話をよく理解しようとしているな」と好感を持ちます。

一方、「なるほど」「そうなんですか」と、ただ聞いているだけの「なるほど君」には、「この人、本当にわかっているのかな？」と感じてしまうのです。

人間ドックの受付のおばさんの「申し訳ありません……」のリピートなども、「受け身」の最たるもの。

だからあなたは「このおばさんには何を言ってもムダだ」と判断したわけですね。

「確認モード」の質問で、相手の信用をゲット！

冒頭のシーンに戻ると、次のような「確認モード」の聞き方だったなら、あなたはTさんから「営業の秘訣」を聞き出せたかもしれません。

「運がよかったということは、お客さんに恵まれてたということですか？」
「つまり、『あとで検討します』って追い返されることが、あまりないってことですか？」
「やっぱり、Tさんのプレゼンがすごいからなんじゃないですか？　具体的にはどんなふうにプレゼンしているんですか？」

人間ドックの受付のおばさんにしても、ただひたすら謝罪を繰り返すのではなく、「受診日はいつでしたか？」「写真をお渡ししたのはどのタイミングでしたか？」といった「確認モード」で話を聞くだけでも、がぜん信頼度は上がったはずです。

答える側にとって、積極的な質問に答えるのは、たくさん並んでいる箱の中に、ひとつひとつ「答え」を入れていくようなイメージで、答えていく快感があります。

しかし、受け身の質問の場合は、底のないブラックボックスのような箱にすべての答えが消えていく感じで、答えた後に大きな徒労感におそわれます。

だから、受け身な聞き方をしてくる相手には、人は「浅い答えしか返さない」のです。

超一流の質問術

質問のあいまに「確認」をはさむ

話を聞いてるアピールが必要

「なるほど」と話を聞いているだけの受け身な姿勢では「話を理解する能力がない」と思われてしまいます。

おわりに

質問を制する者は、人生を制す。最初は少し大仰な表現に感じられたかもしれませんが、本書を通じてその真髄を感じ取っていただけたでしょうか。
私自身、質問のスキルをビジネスの場で実践し、うまくいったり失敗したり、多くの経験を積み重ねてきました。おかげさまで、創業した会社は30年以上にわたって多くの企業様と取引をさせていただいており、最近では大学で教鞭を執る機会も得ています。

質問をすることとは、双方向のコミュニケーションを成立させる重要なポイントです。多くの場面で、言ったつもりが、相手にまったく伝わらない。または、相手の言っていることがまるで理解できない……など、コミュニケーション上の課題に遭遇します。

これらは、適切な質問をすることで確実に解決できます。ご紹介した20の質問術をみなさんの状況に応じてご活用ください。

私は長年コミュニケーションの研究とスキルの開発、実際のセミナーや講義に従事してきました。

多くの方は、「コミュニケーションが上手」ということはイコール「話すことが上手」だと考えられているかと思います。

でも、実はそうではないのです。

本当の意味でのコミュニケーションとは、「何か目的があって人と接していること」。それを大きなくくりでコミュニケーションというのだ、とあるとき気がつきました。

私の例ですが、若かりし頃、営業の現場で商品についてきちんと説明することだけを意識していたときは、ほとんどのものが売れませんでした。どうしてうまくいかないのだろう、もう少し別の方法で伝えることはできないものかと、そこからは数年間模索の日々が続きました。

しかしある日、私にきっかけを与えてくれる方との出会いがありました。その方はとても話し好きな方でしたので、私は気持ちよく話せるようにと質問を織り混ぜながら、相手の方にとってのいい聞き役に徹しました。その際の質問が、偶然にも相手の方にとって「良い質問」だったのです。それからはあっという間に大きな契約を獲得するに至りました。

その経験から、コミュニケーションとは、もちろん話すことも大切だけれど、それ以上に聞くことのほうが大切だと考えるようになったのです。

先ほど、偶然に「良い質問」ができたとお伝えしましたが、良い質問とは、投げかけるタイミングと、内容がポイントです。相手に大いに話してもらい、相手から情報を引き出せば、質問している側が会話のイニシアチブを取ることができます。

これさえ身につければ、私がそうであったように、多くのビジネスパーソンの悩みが解決するに違いない、と確信しました。

ところが、良い質問の仕方・悪い質問の仕方について調べてみると、体系立てて書かれた本が見当たらなかったため、この本を書くに至ったのです。

そして今回、コミュニケーションの危機が叫ばれるコロナ禍の状況で、新書化することになりました。対面でのコミュニケーション機会が減っている今、「質問術」を身につけることはビジネス上の大きな武器になるはずです。

本書によってコミュニケーション力が高まり、あなたの人生がより豊かなものになることを、心より願っております。

安田　正

安田 正
やすだ・ただし

宮城県仙台市生まれ。高校時代から英語教育分野に関心を持ち、大学卒業を機に渡英。本格的にグローバルコミュニケーション教育を学ぶ。帰国後、株式会社兼松パーソネルサービスの国際化事業部部長を経て、1990年パンネーションズ・コンサルティング・グループを創業。代表取締役に就任。
全く新しい英語学習メソッド「システムイングリッシュ」、グローバルビジネスに必須の「ロジカル・コミュニケーション® 研修」などを次々に発表。グローバル人材育成の先達として常に挑戦を続けている。受託先は官公庁・大手上場企業を中心に1700社にのぼり、総受講生は55万人に達する。また、京都大学、一橋大学などからの講演依頼を受ける傍ら、東京大学大学院、早稲田大学理工学術院非常勤講師として教鞭をとる。2017年4月より早稲田大学グローバルエデュケーションセンター客員教授。主な著書にシリーズ累計88万部を超えた『超一流の雑談力』(文響社)や『超一流　できる大人の語彙力』(プレジデント社)などがある。

本書は、2017年11月に刊行された『超一流 できる人の質問力 人を動かす20の極秘テクニック』(マガジンハウス)をもとに加筆修正し、新書化したものです。

出版プロデュース 平田静子
デザイン・DTP 本橋雅文(orangebird)
イラスト 伊藤美樹
編集協力 出雲安見子

ポプラ新書
201
デキる人はこっそり使ってる！
人を動かす20の質問術

2020年12月7日 第1刷発行

著者
安田 正
発行者
千葉 均
編集
碇 耕一
発行所
株式会社 ポプラ社
〒102-8519 東京都千代田区麹町4-2-6
電話 03-5877-8109(営業) 03-5877-8112(編集)
一般書事業局ホームページ www.webasta.jp
ブックデザイン
鈴木成一デザイン室
印刷・製本
図書印刷株式会社

N.D.C.361/190P/18cm ISBN978-4-591-16846-2

P8201201

生きるとは共に未来を語ること　共に希望を語ること

昭和二十二年、ポプラ社は、戦後の荒廃した東京の焼け跡を目のあたりにし、次の世代の日本を創るべき子どもたちが、ポプラ(白楊)の樹のように、まっすぐにすくすくと成長することを願って、児童図書専門出版社として創業いたしました。

創業以来、すでに六十六年の歳月が経ち、何人たりとも予測できない不透明な世界が出現してしまいました。

この未曾有の混迷と閉塞感におおいつくされた日本の現状を鑑みるにつけ、私どもは出版人としていかなる国家像、いかなる日本人像、そしてグローバル化しボーダレス化した世界的状況の裡で、いかなる人類像を創造しなければならないかという、大命題に応えるべく、強靭な志をもち、共に未来を語り共に希望を語りあえる状況を創ることこそ、私どもに課せられた最大の使命だと考えます。

ポプラ社は創業の原点にもどり、人々がすこやかにすくすくと、生きる喜びを感じられる世界を実現させることに希いと祈りをこめて、ここにポプラ新書を創刊するものです。

未来への挑戦!

平成二十五年　九月吉日　　株式会社ポプラ社